En el
parque

por **Dana Meachen Rau**

Asesora de lectura: Nanci R. Vargus, Dra. en Ed.

Marshall Cavendish
Benchmark
New York

Palabras en imágenes

 aro

 balón de baloncesto

 bicicleta

 caja de arena

 castillos de arena

 columpio

 césped

 parque

 pelota de béisbol

 tobogán

Este es el .

Este es el por donde te deslizas.

Este es el 🫃 en
el que te meces.

Este es el
donde juegas a
corre que te pillo.

Este es la donde
haces .

Este es el adonde lanzas el .

Este es el campo
donde juegas
con la .

Este es el sendero
por donde montas
en tu .

El es divertido.

Aprende estas palabras

campo sitio al aire libre donde se pueden jugar deportes

sendero un camino estrecho

corre que te pillo juego en que se corre para alcanzar a los demás

lanzar arrojar

Entérate de más

Libros

Raatma, Lucia. *Living Well: Bicycle Safety*. Chanhassen, MN: Child's World, 2003.

Rhatigan, Joe and Rain Newcomb. *Run, Jump, Hide, Slide, Splash: The 200 Best Outdoor Games Ever*. Asheville, NC: Lark Books, 2005.

Thomas, Keltie. *How Basketball Works*. Toronto, Ontario: Maple Tree Press, 2005.

Videos

Geefay, Ernie. *Playground Safety*. 100% Educational Videos.

Rudman, Adam. *Curious Buddies: Look and Listen at the Park*. Paramount, 2004.

Sitios Web

Kids Health for Kids: Bike Safety
http://www.kidshealth.org/kid/watch/out/bike_safety.html

Kids Health for Kids: Playgrounds
http://www.kidshealth.org/kid/stay_healthy/fit/playground.html

Sobre la autora

Dana Meachen Rau es escritora, editora e ilustradora. Graduada del Trinity College de Hartford, Connecticut, ha escrito más de doscientos libros para niños, entre ellos, libros de ficción histórica y de no ficción, biografías y libros de lectura para principiantes. Le gusta llevar a sus hijos al parque cerca de su casa en Burlington, Connecticut, y verlos rodarse por el tobogán.

Sobre la asesora de lectura

Nanci R. Vargus, Dra. en Ed., quiere que todos los niños disfruten de la lectura. Antes era maestra de primer grado. Ahora trabaja en la Universidad de Indianápolis. Nanci ayuda a los jóvenes a prepararse para ser profesores. A sus nietas, Charlotte, Corinne y AJ, les encanta jugar en los columpios en el parque Broad Ripple, en Indianapolis, Indiana.

Marshall Cavendish Benchmark
99 White Plains Road
Tarrytown, NY 10591-9001
www.marshallcavendish.us

All Internet addresses were correct at the time of printing.

Library of Congress Cataloging-in-Publication Data

Rau, Dana Meachen, 1971–
[At the park. Spanish]
En el parque / por Dana Meachen Rau.
p. cm. – (Benchmark rebus)
Summary: Simple text with rebuses introduces games and activities to enjoy in a park.
Includes bibliographical references.
ISBN 978-0-7614-2775-9 – ISBN 978-0-7614-2613-4 (English ed.)
1. Rebuses. [1. Parks–Fiction. 2. Rebuses. 3. Spanish language materials.]
I. Title.
PZ73.R27783 2007
[E]–dc22
2007017154

Spanish Translation and Text Composition by Victory Productions, Inc.

Photo research by Connie Gardner

Rebus images, with the exception of baseball, slide, and swing, provided courtesy of *Dorling Kindersley*.

Cover photo by age fotostock/SuperStock

The photographs in this book are used with the permission and through the courtesy of:
Corbis: p. 2 baseball, Jim Craigmyle; p. 3 slide, Jim Vecchi; p. 17 Tony Arruza; p. 21 Ariel Skelley; *SuperStock*: p. 3 swing, age footstock; *The Image Works*: p. 5 Skjold photographs; p. 7 Bob Daemmrich; p. 9 Nancy Richmond; *PhotoEdit*: p. 11 Tony Freeman; p. 19 Myrleen Ferguson Cate; *Alamy*: p. 13 Foto Begsteiger; *SuperStock*: p. 15 age fotostock.

Printed in Malaysia
1 3 5 6 4 2